coleção ● ▶ primeiros
113 ● ▶ ● ▶ passos

Antonio Carlos Rocha

O QUE É
BUDISMO

editora brasiliense

Copyright © by Antonio Carlos Rocha, 2000
Nenhuma parte desta publicação pode ser gravada,
armazenada em sistemas eletrônicos, fotocopiada,
reproduzida por meios mecânicos ou outros quaisquer sem
autorização prévia do editor.

ISBN: 85-11-01113-7
2ª edição, 1988
2ª reimpressão, 2002

Revisão: Elvira da Rocha e José W. S. de Moraes
Capa e ilustrações: Ettore Bottini

Dados Internacionais de Catalogação na Publicação (CIP)
(Câmara Brasileira do Livro, SP, Brasil)

Rocha, Antonio Carlos
   O que é budismo / Antonio Carlos Rocha. -- São Paulo :
Brasiliense, 2000. -- (Coleção primeiros passos ; 113)

   ISBN 85-11-01113-7

   1. Budismo I. Título. II. Série.

00-0786
                        CDD - 294.3

Índices para catálogo sistemático:
1. Budismo   294.3

editora brasiliense
Rua Airi,22 - Tatuapé - CEP 03310-010 - São Paulo - SP
Fone/Fax: (0xx11)6198.1488
E-mail: brasilienseedit@uol.com.br
www.editorabrasiliense.com.br
livraria brasiliense
Rua Emília Marengo,216 - Tatuapé
CEP 03336-000 - São Paulo - SP - Fone/Fax (0xx11)6671.2016

ÍNDICE

— Introdução 7
— Um pouco da história 15
— As quatro nobres verdades 38
— A inexistência da alma 46
— A meditação 52
— O último sermão 63
— Indicações para leitura 71

"Vivemos numa época de conflitos e guerras, de ódios e violências. Nunca se fez tão necessário como nos dias atuais recordar a mensagem imortal que Buda, um dos maiores e mais nobres dos filhos da Índia, legou ao mundo inteiro.

"Apesar de decorridos esses dois mil e quinhentos anos, essa mensagem é ainda cheia de vida e se acha no âmago de nossos corações, para que ali possamos buscar a inspiração para enfrentar as lutas e dificuldades que ameaçam esmagar-nos."

Jawaharal Nehru

"À medida que se tornar mais patente o desastre de nossa civilização, maior número de pessoas buscará a sabedoria do passado, algumas na forma budista."

Edward Conze

Um agradecimento especial ao
T. Anuruddha Bhikkhu e ao
Rev. Kiugi Tokuda que me
iniciaram no budismo, o primeiro
na tradição Theravada e o segundo na escola Soto-Zen.

para Noêmia e Antônio, meus pais

INTRODUÇÃO

Budismo é uma palavra ocidental para designar o conjunto de práticas, prédicas e vivências dos ensinamentos de Siddharta Gotama, o Buda.

É claro que o termo ocidental penetrou forte no Oriente, aliás, o Ocidente e o seu *modus vivendi* atraem sobremodo todo o Oriente, que designava esta filosofia de vida como *Buddhana Sasanam*, em língua páli, ou seja, "o caminho do Buda", "o ensinamento do Buda". Mais adiante falaremos um pouco mais desta língua.

Há quem considere o budismo como uma árvore, devido à profusão de escolas, seitas, ramos, veículos, etc. Assim cada praticante busca a parte que mais lhe interessa: o poderoso caule ou a tenra flor, a indefesa folha que balança no ar ao sabor do vento ou a raiz que tira a seiva do chão e alimenta todo o corpo.

Diz-se que é justamente aí que reside a beleza do budismo e esta quantidade de caminhos reflete, antes de mais nada, a excessiva tolerância — verdadeiro baluarte — que através dos séculos faz desta doutrina uma bandeira, um signo através do mundo, tolerância essa que consiste na aceitação, assimilação e adaptação dos ensinamentos do Buda, amalgamando-se a cultos já existentes nos diversos países onde é predominantemente praticado.

Chegando à China, o misticismo indiano une-se ao espírito prático dos ancestrais de Mao e eis aí uma das razões históricas para o surgimento do Zen. É óbvio que existem mil outras explicações, o que é impossível abordar nesta curta conversa.

No Tibet, ele une-se à religião tradicional *Bô* ou *Bon* e eis aí o lamaísmo, um vigoroso sistema que hoje encanta meio mundo com sua beleza e sabedoria.

O próprio Zen, chegando ao Japão, mescla-se com práticas xintoístas ou então divide-se em várias escolas. Na Coréia, o mesmo ocorre. Na Mongólia, seguindo a linha do lamaísmo, a tolerância dá lugar a uma prática adaptada às condições climáticas e à cultura daquele povo. Ao norte da Índia, nos pequenos reinos-estados do Butão, Sikin, ocorre o mesmo. No Sudeste asiático, a tônica é a mesma, e no Ocidente, à proporção que ele vai se difundindo mais e mais, confirma-se a regra, a tolerância.

O que é Budismo 9

Assim procedendo, o budismo mantém-se aceso há mais de dois mil e quinhentos anos. Não é só uma estratégia de sobrevivência, é quase que uma das vigas mestras desta monumental construção.

A diferença fundamental entre o budismo e as demais religiões é a inexistência de um *deus criador*. Muito já se falou e por certo muito ainda há que se falar sobre o ateísmo budista, o "materialismo" de Sidharta. Em sua mensagem tudo é humano, em primeiro lugar está o homem, só os seres humanos podem atingir a iluminação, os deuses são perecíveis, mutáveis e em muitas ocasiões o ensinamento nos lembra o recado dos gregos: "conhece-te a ti mesmo".

Há quem fale até que o budismo era (é?) a psicanálise dos tempos antigos, isso porque há em seu bojo toda uma prática voltada para a auto-análise. Vez por outra ficamos sabendo que esse ou aquele psiquiatra ou psicanalista advoga a semelhança entre os caminhos de Buda e de Freud ou Jung. Temos notícias de que em algumas clínicas dos Estados Unidos e da Grã-Bretanha se "misturam" os dois caminhos. Há até o caso de um conhecido "antipsiquiatra" ou "antipsicanalista" que durante alguns meses aprimorou os seus conhecimentos acadêmicos num mosteiro budista do antigo Ceilão, hoje Sri Lanka. A notícia foi publicada no *Globo* e o médico chama-se R. D. Laing.

E já que falamos em gregos convém lembrar que a *democracia* que tanto prezamos tem suas origens exatamente nas assembléias que os monges realizavam na época do Buda. Muitas e muitas vezes, o Buda reuniu seus discípulos em assembléias e surgia aí a decisão da maioria. Há quem afirme, e com razão, que a sabedoria da antiga Grécia em muito se deve à Índia e, portanto, também ao budismo, uma das fontes do pensamento oriental.

Justifica-se esta prática democrática por uma razão muito simples. O budismo, na verdade, é uma reforma dentro do antigo bramanismo (Brama — o Absoluto, o Senhor das Coisas que juntamente com Shiva e Vixnu formam a "santíssima trindade" do hinduísmo). Os antigos *brâmanes* (sacerdotes) usavam e abusavam de seu poder, auferindo bens e deformando a mensagem do hinduísmo, que aceita a autoridade de um guru, a necessidade deste. Já o budismo manda *provar*, testar de fato as coisas e então discernir através de uma escolha equânime qual o melhor caminho a ser seguido. Mas, é bom não generalizar muito, o hinduísmo é um conjunto de seitas.

Por falar em democracia, fique certo que o Buda não separava a vida de seu contexto social, econômico ou político. Há uma passagem no *Dighanikaya* nº 26 (mais adiante falaremos dos livros) em que ele afirma categoricamente que a pobreza é a causa da imoralidade e dos crimes como o roubo, a violência, a falsidade, etc. Ele dizia que

O que é Budismo

era fútil da parte dos reis tentar suprimir tais desvios sociais através do castigo. Em vez de prender e castigar, ele recomendava melhorar as condições econômicas do povo, prover de "grãos" e outras facilidades agrícolas os lavradores e cultivadores, pôr capital à disposição dos mercadores e de todos os que negociavam, assim como pagar salários adequados a todos os empregados.

Buda era um príncipe e muito cedo percebeu a miséria em que viviam os súditos e a opulência dos monarcas, o exemplo vinha de casa. Não foi difícil para ele entender que quando o povo estiver bem provido, satisfeito, livre do medo e da ansiedade, o país estará em paz e por conseguinte desaparecerá o crime. Para os leigos ele sugeriu que melhorassem sua situação econômica, mas sem entesourar riquezas e desde que tais melhorias viessem de atividades dignas.

Certa feita um leigo perguntou a ele como deveria viver no que se refere à felicidade deste mundo, e prontamente o Buda respondeu em quatro tópicos: primeiro, praticar bem e eficientemente a profissão digna e correta; em segundo lugar, proteger os bens adquiridos corretamente dos ladrões, que na época grassavam em todo canto (e hoje também); em terceiro lugar, ter bons amigos e, em quarto, gastar razoavelmente de acordo com suas posses, nem muito nem pouco. Houve ocasiões mesmo em que ele afirmou a um jovem que devia gastar um quarto de seu rendimento em necessidades cotidianas, investir a metade em seus negócios e guardar a última parte para uma ocasião de emergência.

Um banqueiro da época chamado Anathapindika, um dos maiores devotos leigos de Buddha (em páli) e que fundou o célebre mosteiro de Jetavana no parque de Savatthi, certa vez ouviu do "Mestre" que existem quatro classes de felicidade para os que levam uma vida comum, isto é, aqueles que não são monges: 1) gozar de segurança econômica e suficiente riqueza obtida de uma maneira correta; 2) gastar a riqueza consigo, com sua família e amigos e em obras meritórias; 3) não ter dúvidas; 4) levar uma vida reta, pura, etc. Ocorre que paralelamente ele avisava que a felicidade econômica não valia sequer a "décima sexta parte" da felicidade espiritual.

Com isto estamos querendo demonstrar que ele considerava o bem-estar social como importante fator para a felicidade humana e, portanto, para um país em geral, sendo que concomitantemente também recomendava para esta mesma felicidade um bem-estar "espiritual", ou seja, a prática do caminho que pregava para que a sociedade fosse próspera, pacífica e feliz.

É claro que o ensinamento é um e a prática, outra; os erros, os desvios e as interpretações, por vezes mal feitas e mal aplicadas, são manifestações da natureza humana, passível de dissabores. O credo, o ensinamento original, não tem culpa

O que é Budismo 13

pelos autoritarismos. Em sua época também havia déspotas, tiranos, ditadores, torturadores, etc., tanto que, em uma outra passagem deste citado livro, ele conta que estava dirigindo a atenção para o problema do bom governo visto que eram inúmeros os governos cruéis, corruptos, degenerados, injustos, etc. Para que um país seja feliz é necessário que o governante observe "os dez deveres" que, pela sua atualidade, transcremos:

Primeiro: praticar a generosidade e a caridade. O governo não deve sentir avareza nem apego pela riqueza e muito menos pela propriedade, deve doá-las para o bem-estar público;

Segundo: ter um elevado caráter moral. Nunca deve destruir vidas, trapacear, roubar, explorar outros, cometer adultérios, dizer mentiras;

Terceiro: sacrificar tudo pelo bem do povo. O governante deve estar disposto a sacrificar toda a comodidade pessoal, assim como o nome, a fama e, se necessário, a vida em benefício dos governados;

Quarto: honestidade e integridade no desempenho de suas funções, estar livre do medo e de todo favor, deve ser sincero em suas intenções e não enganar o povo;

Quinto: amabilidade e doçura. Deve ser afável com todos em seu trato;

Sexto: costumes austeros. Deve levar uma vida simples, não deixar se subjugar pelo luxo e deve praticar o autodomínio;

Sétimo: ausência de ódio, de má vontade e de aversão. Não deve guardar rancor a nada;

Oitavo: não-violência. O que significa não apenas não causar dano a quem quer que seja, mas também esforçar-se, em suas obrigações, a promover a paz, evitando as guerras e tudo aquilo que implique a destruição de vidas;

Nono: paciência, indulgência, tolerância, compreensão. Deve ser capaz de suportar, sem encolerizar-se, toda sorte de penúrias, dificuldades e insultos;

Décimo: não-oposição e não-obstrução. Isso significa que o governante não deve opor-se à vontade do povo, nem obstruir nenhuma vontade tendente ao bem-estar da população. Deve, em outras palavras, governar em harmonia com o povo.

Talvez seja esse um dos motivos por que o companheiro de Gandhi nas lutas de libertação da Índia — Jawaharal Nehru — citou o trecho com que iniciamos este livro. Esse mesmo Nehru, primeiro-ministro e primeiro governante da "Índia Livre", que vivia sempre vestido de branco com uma rosa vermelha à lapela, foi quem iniciou o movimento dos países não-alinhados juntamente com Gamal Abdel Nasser, do Egito, e Josip Broz Tito, da Iugoslávia.

Nehru viu que já no século VI a.C. Buda havia percebido o porquê da miséria do povo e qual o caminho para minorar esse sofrimento. Vejamos agora um pouco da história do Buda.

UM POUCO DA HISTÓRIA

Alguns autores marcam a data de 523 a.C., outros 526 e até 556, mas o certo é que ele nasceu no sexto século antes da era cristã. Nessa época a Índia vivia uma febre de desenvolvimento nos mais variados campos, no campo das idéias, das artes, das ciências e até das guerras. Os pequenos reinos viviam em constante batalha com os vizinhos.

Os sistemas religiosos que englobam o campo das idéias, das artes, das ciências e até das guerras (inevitável, mas infelizmente é a verdade — as seitas, em qualquer tempo, acabam se digladiando, seja através dos fiéis, dos clérigos ou da discórdia dos caminhos) floresciam ao sabor dos debates. Sistemas filosóficos aprofundavam-se e outros erigiam-se, uns fundiam-se em outros, os mais fortes absorviam os mais vacilantes, como tudo na vida.

É nesse emaranhado cultural que surge um cidadão que mais adiante veio a ser chamado de "Senhor Buda", o Buda ou, simplesmente, o Iluminado, o Desperto.

É bom que se esclareça, de imediato, que *Buda* não é nome de ninguém, designa um estado, uma qualidade, aquele que atingiu o budato. Deriva-se da raiz sânscrita *budbuddh*) que significa despertar, iluminar. Logo Buda é aquele que alcançou este patamar, este estado, este estágio que, de acordo com os cânones do budismo, está latente em todo ser humano, mais precisamente em todos os seres: seres vivos (animal, vegetal) e seres do reino mineral.

O budismo formulou seu pensamento no sentido da palavra sabedoria, no caminho do discernimento, lembrando aos praticantes que esta sabedoria vem de saber e que saber tem a ver diretamente com sabor e portanto prazer. Poder ver e compreender que o saber tem um sabor que leva à libertação final, a libertação das amarras que nos impedem de sentir o sabor das coisas, o saber da vida.

A história nos conta que antes e depois do menino Siddharta existiram muitos budas, ou melhor, muitos "iluminados". Ocorre que os anteriores pertenceram a outras eras que a humanidade atravessou. Gotama seria o sexto Buda (outras tradições o classificam como o vigésimo oitavo buda), isto é, o primeiro que se iluminou em nossa era.

Há uma escala "búdica": Siddharta foi um *samma sambuddha*, um supremo iluminado que descobriu um caminho por si mesmo, sem a ajuda de ninguém, a não ser com o acúmulo de vidas se preparando para esse fim; conta-se que ele passou 500 reencarnações como asceta, monge ou religioso, estudando, praticando e se preparando para a futura missão. Assim, cada era tem o seu *samma sambuddha*. Dia virá em que outro *samma sambuddha* aparecerá, talvez com uma mensagem diferente da de Siddharta, apropriada para a era seguinte.

O segundo lugar cabe ao *pratyeka buddha* (em páli, pronuncia-se *pátchêga buda*). É aquele que descobre o caminho sozinho, sem a ajuda de ninguém, mas não tem condições de pregar e fazer fiéis, tipo aquele professor que sabe muito mas não sabe ensinar e que os alunos dizem "não ter didática".

Assim que se iluminou, Siddharta ficou em dúvida se as pessoas entenderiam a sua mensagem. Como era um *samma sambuddha*, após muito meditar arquitetou um bom plano, "uma boa didática", e transmitiu muito bem o seu recado, tanto que até hoje ele permanece vivo. Cumpre esclarecer essa história de atingir a iluminação sozinho, sem a ajuda de ninguém. O budismo prega a unidade e interdependência de toda a vida, nada é separado de nada. De fato, ele descobriu o caminho só, mas já havia estudado e praticado outras formas de "caminho"com outras pessoas. Tal como o aluno brilhante que descobre sozinho a solução para um problema, antes ele se preparou com outros "mestres" e com outros colegas.

Em terceiro lugar está o *arahant buddha*, os discípulos que atingem a iluminação seguindo o credo e a partir dele fazem novos seguidores, é este tipo de *arahant* que nós, pobres mortais, podemos e, segundo o budismo, devemos ser.

Assim como existiram *Buddhas* antes de Gotama, também existiram *Dhammas* (em páli; em sânscrito, *dharma*; doutrinas) e também existiram *Sanghas* (ordens monásticas). Ao que parece, as religiões fundamentam-se sobre tripés que são batizados com o simpático nome de "santíssima trindade", tríade ou "tríplice jóia", como fala o budismo, tanto é assim que nos *sutras* (em sânscrito, pois em páli é *sutta*, sermão) os seguidores cantam:

"Até o fim da minha vida o meu refúgio será Buda
Os Budas do passado, os Budas do futuro, os Budas do presente a todos eu adoro!"

A mesma fórmula acontece para o *Dhamma* e para a *SAngha*. Há um pequeno sutra repetido por todas as escolas chamado *Tisarana* (pronuncia-se *tiçarana* = os três refúgios) que é o seguinte:

O que é Budismo 19

"Eu me refugio em Buda
Eu me refugio no Dhamma
Eu me refugio na Sangha.

Pela segunda vez eu me refugio em Buda
Pela segunda vez eu me refugio no Dhamma
Pela segunda vez eu me refugio na Sangha.

Pela terceira vez eu me refugio em Buda
Pela terceira vez eu me refugio no Dhamma
Pela terceira vez eu me refugio na Sangha."

Esse pequeno canto, melodicamente muito bonito, também conhecido como tríplice adoração, não se trata, na verdade, de adorar e refugiar-se no sentido de dependência. Originalmente não se tratava de personificação, mas um tributo a um estado com a indicação de que é possível realizá-lo. Com o passar do tempo e a institucionalização da religião, o rito foi fomentando e a prática foi adotando o personalismo de um estado, e o que antes era visto como uma qualidade, mais adiante passou a ser visto como uma pessoa e daí para um "deus" foi um pulo. Em outro capítulo vamos ver o porquê dessa institucionalização, adianto apenas que para "acalmar" o povo, reis e governantes trataram de passar a idéia de que, se eram mandatários, era porque tinham méritos desta e de outras vidas. Logicamente se assemelhavam a um buda e eram vistos como "iluminados", em contrapartida eles protegiam a *sangha* (os monges, os mosteiros, a ordem budista) desde que os bonzos (monges budistas) incutissem no povo tal ideologia, tal deformação do ensinamento original. Não foram poucas as vezes que, quando os monges se cansavam de um determinado governante ou sistema de governo, apoiavam outro e aquele logo caía em desgraça, sendo destituído.

Vamos ao nascimento: como disse, por volta do ano 523 a.C., ao norte da Índia, havia um pequeno reino de guerreiros da etnia dos Sákias, o país era Kapilavastu, hoje a região pertence ao Nepal. Siddharta era o nome próprio, Gotama, ou Gautama, ou ainda Gáutama, era o sobrenome. Com o passar do tempo o menino ficou conhecido como o Sakyamuni — o Sábio dos Sákias.

O rei chamava-se Suddhodana e a rainha, que estava grávida, Maya. Decidiram passar as férias no palácio de verão, a pedido desta. No caminho, num bonito recanto do Bosque Lumbini, ela sentiu as dores do parto e, às margens de um rio, deu à luz um menino. Inicialmente lhe serviu de berço uma folha de lótus. Diz a lenda que nesse momento choveram pétalas de flores do céu, o ar inebriou-se de um perfume até então nunca sentido, os anjos vieram cantar e toda a natureza se regozijou, pois nascera "a luz da Ásia".

Sete dias depois a mãe morreu. Justifica-se com o fato de que a mulher pariu um buda e aquela que assim o faz fica tão pura, tão imaculada que não pode dar à luz outra criança. Há quem diga

O que é Budismo

A: cabeça de Buda – arte greco-hindu;
B: cabeça de Buda – arte hindu (séc. XII).

também que isso confirma a teoria do "herói": não conhecendo a mãe, ele busca incansavelmente a sua face original, aquilo que perdeu e não sabe o que é... Como era costume da época, logo depois o pai casou-se com a irmã de Maya.

Próprio de um rei, Suddhodana queria saber o futuro do seu primogênito, aquele que herdaria as terras e continuaria a estirpe de nobre linhagem. Foi visitar um asceta nas fímbrias do Himalaia, e o eremita afirmou que o menino ou se transformaria num senhor de exércitos, num monarca universal, ou então seria um buda, um iluminado, um grande e sublime ser que ensinaria ao mundo o caminho da luz. Neste momento, ao que tudo indica, o anacoreta começou a chorar, o pai do menino pergunta a razão das lágrimas e o solitário monge responde que estava feliz e triste ao mesmo tempo. Chorava de felicidade porque o iluminado já estava sobre a Terra e de tristeza porque, sendo muito velho, não poderia tornar-se discípulo desse futuro *buda*.

O rei virou fera, não gostou nem um pouco, seu filho jamais seria um religioso. Mas como em geral os filhos não cumprem aquilo que os pais arbitram e, se o fazem, aparentemente é só na idade adulta, Siddharta não atendeu o desejo do pai, porém sob outro aspecto tornou-se monarca universal, senhor de um exército diferente.

A partir daí o menino foi cercado do maior luxo possível, cresceu nas mordomias que a corte lhe permitia, desfrutando as benesses do poder. Aprendeu um pouco das ciências, necessário para um futuro grande rei. Vivia imerso num pequeno paraíso, a todo custo eram evitados sofrimento e dissabores, o jovem não deveria saber das mazelas do mundo, da fome que grassava em seu reino e nos vizinhos, da miséria que mergulhava os pobres e da opulência onde nadavam os ricos.

Conta-se, mas o pai ignorou, que o menino possuía várias marcas no corpo, fato que caracteriza um iluminado. Por exemplo, o lóbulo das orelhas pronunciadamente grande: é visível esta marca em todas as estátuas do ''Bendito''; a sola de seus pés era completamente cheia de sinais característicos para a missão que se aproximava; na cabeça havia uma pequena protuberância. Esclareça-se esse último fator: uns afirmam que ele fez um coque com os cabelos após cortá-los e, como era iluminado, estes nunca mais cresceram, outros dizem que simboliza o chacra (do sânscrito, um dos sete centros de força que o homem tem em um de seus corpos invisíveis) das mil pétalas que só os iluminados possuem aberto ou desenvolvido. Isso é fácil verificar através dos livros, todas as esculturas reproduzem a protuberância na cabeça. Mas o mais certo é que esta é uma forma de os ascetas na Índia amarrar os cabelos, o rabo-de-cavalo não é atrás da cabeça, mas no alto, certamente um signo para identificar a religiosidade e o possível futuro desabrochar desse chacra.

Como estava previsto, por mais que as maravilhas reais o fascinassem, cada vez mais ele se tornava circunspecto. Seguindo a tradição, foi feito um concurso de beleza onde as jovens mais bonitas desfilaram na sua presença. Talvez o primeiro "concurso de *miss*" que a história registra. Ele escolheu a prima Yasodhara, a mais bonita, a mais elegante, a mais atraente.

O tempo foi passando e a mulher foi tomando conhecimento das inquietações do marido, e passou a ficar apreensiva, a "intuição feminina" dizia que mais cedo ou mais tarde Gotama deixaria o palácio. Não havia prazer ou sentimento que o segurasse por mais tempo, provou de tudo, transou com outras, mas continuava o vazio. Os reis podiam ter várias mulheres, ele só quis uma, bastava-lhe. Há uma parte da lenda que conta que Yasodhara realmente fez a cabeça dele, gostava dela e, quando a contemplou no concurso, ficou "perdidamente apaixonado", percebendo então que ela era a sua cara-metade.

Um belo dia, a segurança falhou. Num passeio à cidade, o jovem observou um velho decrépito, faminto e surpreendeu-se de que nunca havia pensado na velhice. Numa segunda vez, ele encontrou um doente, um moribundo no meio da rua e lembrou-se que, já homem, seu pai e os amigos lhe ocultavam tais fatos. Tempos depois ele teve seu terceiro "*insight*". No caminho de volta, após um maravilhoso passeio, deparou-se

O que é Budismo

com um morto, um corpo jazia inerte na estrada, ele perguntou o que era e então responderam que a morte é o destino de todos nós, que ninguém escapa, apesar de todo o prazer ou riqueza. Por fim veio o último "estalo": no passeio definitivo ele encontrou um asceta meditando. Ao perguntar, informaram-lhe que era um monge mendicante, um religioso que escolheu o caminho da libertação interior e exterior.

Dito e feito, não deu outra, aquela última visão foi decisiva, seu caminho estava escolhido.

Na noite em que seu filho nasceu, ele partiu para uma nova caminhada. Foi até o quarto onde a mulher se embevecia com o rebento e batizou o menino com o nome de Rahula (pronuncia-se *rarula*) que quer dizer "obstáculo". Despediu-se da mulher após conversar um pouco. Chamou o fiel servo e partiu num veloz cavalo branco madrugada a dentro. À meia-noite exatamente ele cruzava os muros do palácio. Após muito cavalgarem, trocou as vestes reais com as do criado e partiu para a vida religiosa. O servo voltou com as roupas, a notícia e o cavalo que ficou triste com a ausência do dono.

À primeira vista poderá pensar-se que Siddharta era um filhinho de papai. O rei tentou mas não conseguiu. A alusão ao não-conhecimento do menino quanto à velhice, doença e morte é simbólica, pois certamente, sendo inteligente, ele percebia que seu pai era mais velho, que sua tia-mãe não tinha a mesma formosura da esposa, que outras mulheres não possuíam os mesmos encantos das moças da corte com quem ele se divertia etc. Por outro lado, é impossível que numa época em que as condições de higiene eram tão precárias, em que assolavam epidemias, ninguém adoecesse ou morresse; o que se quer afirmar através deste simbolismo são os pontos fundamentais do budismo, a compreensão e a libertação.

Muitos anos depois Siddharta voltou. Já iluminado, veio visitar a casa paterna e aproveitar para pregar o Dharma e fazer mais alguns discípulos. Ingenuamente o pai pensou que o filho estivesse voltando para as lidas reais, apesar de saber da fama do ex-príncipe que arrebanhava mais de mil discípulos. Desnecessário dizer que todos os parentes se converteram à doutrina, até o filho foi ordenado monge, ainda criança. O rei Suddhodana não gostou e bronqueou com o "Perfeito", não podia sair assim ordenando todo mundo não, em se tratando de menores tinha de ter a aquiescência dos pais e, na ausência de Siddharta, quem respondia pelo garoto era o rei. A repreenda valeu, Buda percebeu a importância do que o pai lhe falara e decidiu que só ordenaria crianças com o prévio consentimento dos familiares.

A mulher e a tia-mãe, anos e anos depois, também se ordenaram monjas, foram as primeiras

O que é Budismo

bhikkhunis (monjas) e só foram aceitas graças à intervenção de Ananda, o primo-irmão de Siddharta que também era monge. Ananda era o fiel amigo, servo e discípulo, o braço direito do Buda; meio cabeça-dura, só atingiu a iluminação no final da vida, após a morte do "Bem-Aventurado". O "Mestre" não queria ordenar mulheres, o caminho até então era só para os *bhikkhus* (monges). "Elas andaram quilômetros, estão com os pés sangrando, demonstraram força de vontade", ponderou Ananda e finalmente Siddharta aceitou.

Voltando um pouco o nosso relato, assim que o príncipe deixou o criado com as suas vestes e este disparou na direção do castelo, o novo mendicante cruzou a estrada e se embrenhou na floresta, iniciando a vida de monge andarilho. Muitas pessoas o reconheciam e perguntavam se não era o príncipe herdeiro dos Sakya, ele respondia que agora estava ali um buscador do verdadeiro caminho.

Em sua ânsia de sabedoria, ele buscou todos os mestres da época, uns afirmavam que ali ele não encontraria o discernimento desejado, outros mais charlatães admitiam o novo discípulo para após algum tempo perdê-lo, uns terceiros o abrigavam como um aluno, findo o treinamento o deixavam livre.

Tendo atingido todo o conhecimento que os mestres da época pregavam e não se dando por satisfeito, ele uniu-se a cinco outros andarilhos na prática de mortificações. Passou a praticar todo tipo de austeridades, tais como: comer o mínimo possível, praticar prolongadíssimos jejuns, ridículas torturas como ficar o dia inteiro na ponta do pé como se isso levasse a algum lugar, etc. Algumas estátuas o identificam nesse período como um sujeito magérrimo, costelas saltando, a pele definhando. Por fim ele decidiu abandonar essa via quando percebe que as mortificações, como o nome bem diz, estavam levando-o à morte. Desse jeito não iria compreender nada. Se havia alguma verdade para ser entendida, não estava nos extremos. Nem na vida desregrada no luxo, nem no extremo ascetismo, nem riqueza demais, nem pobreza demais, ambas atrapalham a prática, e a solução encontrada foi o *caminho do meio*.

Os cinco errantes, quando viram Siddharta abandonar as práticas, o renegaram, dizendo que o príncipe não fora suficientemente forte para levar a vida religiosa.

Gotama andou um pouco, sentou-se ao pé de uma árvore, a que por coincidência os botânicos deram o nome de *Ficus religiosus*, e decidiu só sair dali quando atingisse a completa iluminação. Conta-se que logo depois apareceu uma donzela e, vendo o estado em que se encontrava o asceta, lhe deu leite e comida. Foi o alimento que lhe deu forças para fazer o voto: poderia até morrer, o sangue secar nas veias, que não arredaria pé, continuaria sentado, meditando. A árvore hoje é

O que é Budismo

sagrada para o budismo.

Sakiamuni percebeu que ninguém poderia lhe mostrar o caminho que ele procurava, só ele mesmo; entendeu que a solução de seus problemas, as vicissitudes da vida estavam em cada um de nós e não em algo exterior, a solução deveria ser descoberta no interior. Durante as horas que ficou em meditação, diz a lenda que veio Mara, o rei dos demônios, tentá-lo. As *apsaras* (dançarinas celestes) seminuas em vão ofereceram ao futuro buda os prazeres que ele bem conhecia. Firme, ele continuou em seu inquebrantável voto, a força de vontade que remove montanhas, até que aconteceu o tão esperado . . .

Ele saiu de casa com 29 anos, aos 35 atingiu a completa iluminação, portanto, seis anos depois. O fato ocorreu quando a estrela matutina brilhava no céu, na madrugada de uma lua cheia.

Diz a lenda que ele nasceu, atingiu a iluminação e morreu numa lua cheia do mês de maio que, no calendário lunar da Índia, tem o nome de *Vesak* — a festa sagrada do budismo, a data magna, o natal. Isto falando na tradição Theravada (*thera* = sábio, antigo, ancião; *vada* = escola), no budismo ortodoxo praticado nos países de clima quente, também conhecido como budismo sulista ou escola do sul, por ser predominante no Sudeste asiático. Chamado budismo primeiro, original, por ser aquele que mantém *ipsis literis* os ensinamentos há mais de 2500 anos.

Ao que tudo indica a história da humanidade é uma sucessão de rachas, dissidências e interpretações e como não podia deixar de ser, o budismo não fugiu à regra. 400 anos após a morte do Buda, há um primeiro concílio, na verdade, o grande racha histórico. Até então, o ensinamento era transmitido oralmente, de boca a ouvido, razão por que toda a doutrina era versificada, metrificada e rimada para permitir melhor decorar as regras e os sutras. A excessiva repetição que caracteriza os textos canônicos budistas facilitava a transmissão. Muitos são um verdadeiro poema épico. Além de rimados, eram cantados, o que permitia ainda mais a apreensão do texto.

Nesse concílio se decide pôr tudo no papel. Acontece que, por mais que se grave, sempre escapa alguma coisa e acrescenta-se outra, assim o que foi sendo colocado no papel distava quatro séculos do ensinamento original. A tradição Theravada procurou se manter fiel o mais possível, por isso foi chamada de Hinayana (pequeno veículo), isto porque as novas interpretações que estavam surgindo permitiam detectar mais de 30 escolas. Os que discordaram dos ortodoxos autodenominaram-se Mahayana (*maha* = grande; *yana* = veículo). Mesmo procurando uma unidade, os theravadins (como eram chamados os adeptos do Theravada) subdividiram-se em 18 ramos, tendo, porém, vida efêmera. O único que prevaleceu até hoje foi o citado Theravada e que é o

O que é Budismo **31**

objeto de nossa conversa.

À proporção que o budismo vai saindo da Índia e com as contribuições surgidas do Mahayana, vai ganhando mais adeptos, e novas escolas ou seitas vão tendo origem. Pros lados do Tibet e depois Mongólia, a doutrina ganhou os ares de Vajrayana (*vajra* = diamante; *yana* = veículo). O veículo adamantino ou do diamante é também praticado em alguns locais da URSS, é o lamaísmo que vimos no início do livro.

A China deu um grande contributo ao *dhamma*, floresceram e morreram grandes escolas e os livros textuais são, de fato, magníficos; o que prevaleceu foi o *Zen* (uma palavra japonesa derivada do chinês arcaico *Chan*, com a correspondente em sânscrito *Dhyana* e em páli *Jhanna*, que quer dizer "meditação". A tradução é um tanto "grosseira" mas é o termo ocidental mais próximo para designar tal prática). Levado para o Japão e depois para a Coréia, o budismo cresceu em número e qualidade. O Zen ganhou um novo alento e toda a cultura japonesa foi influenciada.

Mas o que foi que Siddharta descobriu, o que foi que ele descobriu de tão importante que encantou e encanta meio mundo?

Ele percebeu que o conhecimento está dentro, que fora não encontraria a resposta para aquilo que sempre sonhou. Então teve a feliz idéia e a original atitude, até aquela data ninguém havia percebido isso, que a chave do sucesso estava na respiração. Se não podemos ficar um minuto sem respirar, se o ar é vital para a vida humana, logo é através desse processo que devemos encontrar alguma coisa. Esse é, portanto, um veículo, um caminho para um achado maior, para outros achados.

Buda começou a observar a entrada e a saída do ar nas narinas e conseqüentemente a subida e a descida do abdômen através do diafragma. Ocorre que se você tentar se concentrar nesse método vai descobrir que é dificílimo manter a atenção voltada para o local que achar mais rápido, ou as narinas ou o abdômen. O Zen recomenda as narinas, a escola da Birmânia sugere o abdômen, que é mais fácil de focalizar. Com esse exercício você vai constatar que imediatamente a *mente* se perde, vagueia. Concomitantemente ocorrem sensações outras por todo o corpo: coceiras, dores; o desejo em qualquer sentido se manifesta: sonhos, medos, lembranças, ódio, amor, etc. Ora, a dedução é que é dificílimo esse caminho, e para que segui-lo?

Porque o fundamental na vida é a *atenção*, sem ela você não faz nada ou, se faz, o faz incompletamente. Sendo a base de tudo, a atenção só pode vir por um processo natural, no caso, a respiração, que é a chama da vida. São muitas as coisas, processos físicos e mentais, que se descobrem a partir dessa simples prática. Começa aí a auto-análise, o autoconhecimento, o conhece-te

O que é Budismo   **33**

a ti mesmo. Claro que é necessário um instrutor, não um guru que sugere dependência.

No budismo Theravada o mestre, o instrutor, tem o nome de "amigo", *Kalyana mitra* (verdadeiro amigo), o amigo veterano que instrui o amigo mais novo no caminho da correta compreensão.

Não foi só isso que ele percebeu. Formou toda a visão de mundo que ficou conhecida como "as quatro nobres verdades" que englobam "a nobre senda óctupla" (ver o próximo capítulo).

Após ter toda essa compreensão o "Sublime" ficou dois meses em completa meditação, aprimorando os conhecimentos e preparando a senda que iria ter início. Na lua cheia do mês de julho, após sanar todas as dúvidas, inclusive a que o estava preocupando, se as pessoas entenderiam o porquê desse caminho, uma lembrança o ajudou na decisão de pregar aos quatro cantos, a lembrança de que havia nascido com uma missão, missão esta preparada ao longo de 500 vidas. Logo não havia porque duvidar, levantou-se e foi procurar os cinco companheiros de mortificações.

A lua cheia do mês de julho é a segunda data importante do budismo Theravada, é quando se diz que a "roda da lei" começou a girar, quando foi tocado o tambor do dharma. É o primeiro sermão, tão importante para os budistas quanto o "sermão da montanha" para os cristãos.

Ao verem o novo Buda, os *sanyasins* (do sânscrito, monges mendicantes, andarilhos, errantes) comentaram "lá vem aquele que fugiu da vida religiosa, não vamos dar conversa a ele"; notaram, porém, que o homem que se aproximava trazia um quê de santidade, sua religiosidade penetrava nos poros e nos olhos de quem o contemplava. Sentando-se ao lado dos amigos, o ex-príncipe Siddharta profere o histórico "sermão de Benares", o sermão do parque das gazelas.

Um fato importante é que toda a vida do Buda foi passada em meio à natureza, os sermões eram proferidos para grandes massas humanas sempre em bosques, parques, florestas, jardins, etc. Com o passar do tempo e o aumento do número de discípulos é que os fiéis ricos, geralmente leigos que se convertiam, passaram a fazer doações, construir mosteiros, ermidas, templos, eremitérios, etc. Tais locais só eram usados na estação das chuvas, quando os monges se recolhiam aos conventos para períodos prolongados de retiros.

O budismo é essencialmente uma religião andarilha, mendicante e na maior parte do ano os monges peregrinam em missão, pregando a doutrina.

Buda tornou-se uma espécie de herói nacional, a esperança daquela massa de pobres famintos e também dos ricos. Há quem diga que após a morte do Buda a doutrina só atraía a "elite", as classes dominantes. Mas durante a vida do "Bem-Aventurado" pessoas de todas as classes acorriam ao seu encontro. Não foram poucos os atritos que

A tentação por Mara.

seus discípulos sofreram por parte de outras seitas que se viam ameaçadas de sobrevivência ante a fabulosa expansão do novo credo, uma verdadeira subversão dentro do tradicional bramanismo. Hoje afirma-se que esta reforma bebeu na fonte primeva da filosofia hindu e, em contrapartida, influenciou de tal modo o hinduísmo que esse o absorveu por completo; à medida que crescia para o mundo, desaparecia da Índia — santo de casa não faz milagre!

Hoje são poucas as comunidades budistas na Índia. Os locais onde o Buda nasceu, por onde passou e pregou são pontos de atração turística e de peregrinação religiosa. O local onde ele se iluminou é conhecido como Buda Gaya ou Bodhi Gaya (parque, praça ou local de iluminação). Quem chega lá encontra um templo japonês, outro tailandês, outro tibetano, etc.

Com relação à ecologia búdica cite-se apenas um trecho do *Vinaya-pitaka* (regras monásticas, IV, 34) quando o Buda afirma: "Homens tolos! Como podeis derrubar uma árvore ou fazê-la derrubar por outrem? As pessoas pensam que há seres vivos numa árvore. É uma falta de expiação a de destruir o crescimento do vegetal".

Aliás, o *Vinaya* é um perfeito manual de ecologia, ele fala da água, da terra, de todos os seres vivos e o respeito que devemos ter para com todos estes e a necessidade de não tirarmos vidas.

Numa leitura de hoje poderá parecer um tanto

ridículo certas passagens do *Vinaya*, mas deve-se pensar que há dois milênios e meio este conjunto de textos regulava a vida da comunidade, desde o horário de dormir e as abluções matinais até as mais elementares regras de higiene. E aí tem um profundo fator educativo: preservando-se e fomentando-se a higiene, preserva-se a vida e, preservando-se a vida, o praticante pode meditar melhor, pois quem está doente não tem condições de seguir o caminho. É preciso em primeiro lugar estar com saúde, quem medita doente será atrapalhado pelas dores ou pela enfermidade que o incomoda e assim se desviará mais ainda a atenção do meditante.

O amor à natureza, à vida e aos elementos é um dos aspectos mais bonitos desse caminho.

Voltando um pouco ao sermão de Benares, logo após ouvir o discurso histórico, os cinco ascetas atingiram a iluminação e foram ordenados pelo "Mestre". Foram os cinco primeiros discípulos do Buda Sakyamuni. A partir daí a tradição Theravada mantém até hoje o princípio de que um monge só pode ser ordenado na presença de, no mínimo, outros cinco. Tudo é feito em maioria, democraticamente.

AS QUATRO NOBRES VERDADES

O símbolo do budismo é uma roda com oito raios ou quatro diâmetros, daí a alusão à roda da lei, a roda do Dharma. É este símbolo que se encontra na bandeira da Índia, sendo que no pavilhão indiano são muitos os raios.

Os quatro diâmetros são as nobres verdades que culminam nos oito raios — a nobre senda óctupla.

O primeiro sermão do Buda afirma que "há dois extremos que devem ser evitados, apegar-se aos prazeres do sentido e à mortificação. Evitando estes dois extremos, se descobre a senda do caminho do meio que confere a visão interior, o conhecimento, conduz à calma, à penetração intuitiva e portanto ao nirvana".

Etimologicamente, nirvana em sânscrito, *nibbana* em páli, quer dizer *ni* = não, *bhana* = grilhões,

O que é Budismo

não grilhões, portanto nirvana significa a não existência de grilhões, de amarras, de condicionamentos.

Neste primeiro discurso e até o final de sua vida, ficou 45 anos pregando a "boa nova"; quando ia se referir a si mesmo, Siddharta empregava a expressão "Tathagata" (pronuncia-se *tatágata*), usada tanto em páli quanto em sânscrito. Não há em português uma tradução precisa para o termo, aproximadamente quer dizer "um que vai assim", ou seja, aquele que compreendeu tudo e que caminha assim, naturalmente, pelo mundo, caminha ele mesmo, sem peias.

A primeira nobre verdade é *dukkha*, em páli; o praticante deve inteirar-se de que tudo é *dukkha*, isto é, tudo é sofrimento: o nascimento é sofrimento, a velhice é sofrimento, a doença, a morte, a união com aquilo que não se quer, a separação daquilo que se ama.

A princípio isto pode parecer fatalismo, derrotismo ou niilismo, mas na verdade é um profundo realismo, uma atitude madura perante a vida. Não se trata de atribuir um pequeno paraíso noutra vida. Quando se comprende isso, fato eminentemente prático, objetivo, a vida passa a ter outra significação, passa a ser vivida como ela é, é uma tomada de consciência perante o viver.

Vista a primeira nobre verdade, a constatação do sofrimento, passemos à segunda, aquela que trata da origem do sofrimento. E a origem do sofrimento está no "desejo" (em páli, *tanha*). Esse desejo se manifesta em tudo, é o desejo de viver, de ter, de ser, de haver, o desejo de não morrer, o desejo de se separar daquilo que não se quer, o desejo de não se separar daquilo que se quer. Compreendendo este segundo fato, esta segunda nobre verdade (em páli, *samudhaya* = surgimento de *dukkha*), você já tem meio caminho andado. E o que é que nós aprendemos com a psicanálise? Não é a transar com os nossos desejos? A aprender a viver com eles? Veja bem, não é eliminá-lo, pois assim fazendo, ou melhor, assim tentando, você estará reprimindo, e reprimir é remendar. Mais cedo ou mais tarde o sentimento, a sensação, o desejo bloqueado explode numa neurose, noutro lugar, etc. Como uma roupa usada que se remenda mas depois ou se rasga noutro lugar ou no próprio conserto.

O budismo não é repressão, é compreensão da realidade e de seus fenômenos e processos.

A terceira nobre verdade é a extinção do sofrimento, em páli *nirodha*, a cessação de *dukkha*. É a emancipação de todo este sofrimento, libertação essa que vem através do completo entendimento do que é o sofrer, de como ele surge e como se erradica. Não se trata de suprimir o "desejo", tampá-lo, matá-lo, o que é impossível. Trata-se de compreendê-lo. Mas como proceder?

Um vocábulo muito usado no budismo é "compreensão", um dos pilares dessa filosofia. E toda

O que é Budismo

compreensão vem naturalmente, sem ser imposta, sem deixar correr frouxa, é um esforço, uma força de vontade que brota da necessidade de se entender melhor porque se sofre tanto nessa vida.

Mas o budismo é uma religião dialética e você só percebe a extinção desse sofrimento, ele só se extingue, através da quarta nobre verdade *magga* (em páli, caminho, senda) que conduz à cessação de *dukkha*, o caminho que nos leva ao entendimento das coisas, também chamado de nobre senda óctupla, a saber: compreensão correta, pensamento correto, palavra correta, ação correta, meio de vida correto, esforço correto, atenção correta e concentração correta.

Eis o caminho que nos leva a viver melhor. Isoladas de um todo, tais indicações podem soar como normas, regras. Esclareça-se, porém, que o budismo não possui dogmas, tudo deve ser provado, testado ou não será budismo. Já lhes falei no começo sobre um pouco da tolerância. Essa tolerância é fruto da total ausência de autoridade, e como não há um mandante, nada mais justo e necessário que as partes em questão se tolerem e se compreendam para que não haja o caos:

"Agora escutem, Kalamas. Não se deixem desviar pelos relatos ou pela tradição ou pela voz comum. Não se deixem desviar por vossas experiências a partir das escrituras nem pela mera lógica ou inferência, nem depois de considerar as razões, nem depois de refletir sobre alguma opinião e aprová-la, nem porque se conforma com o devenir, nem porque a recompensa que a sustém é o vosso mestre. Porém quando conheçais por vós mesmos: estas coisas não são boas, estas coisas são defeituosas, estas coisas são censuráveis por um ser inteligente, estas coisas quando executadas e levadas ao fim, conduzem ao sofrimento — então as rechaçais".

O parágrafo acima é um trecho do *discurso aos Kalamas*, uma aldeia que Buda visitou e onde transmitiu o seu recado. Ao que parece é a única religião que assim procede, é uma maneira de estar no mundo, um modo de ser. É original em sua tolerância, fruto da completa ausência de autoridade. É um caminho onde se diz do "Mestre" que nem suas próprias palavras podem ser aceitas como verdade, a não ser que sejam aprovadas por sua aplicação à experiência diária. O dogma é completamente desconhecido.

Acopladas às quatro nobres verdades e conseqüentemente à nobre senda óctupla estão os "cinco agregados". Como disse, não acontecem isolados. Os cinco *skandas*, comumente chamados cinco agregados do apego, são a base do sofrer e, quando se compreende a primeira nobre verdade, paralelamente se compreende as demais e, compreendendo-se a primeira, automaticamente se compreende os cinco agregados, na verdade o móvel da primeira nobre verdade.

De acordo com a filosofia budista (há até quem

O que é Budismo 43

fale em budologia) esta entidade que chamamos "homem" não existe, esta coisa que uns chamam "ser", "indivíduo", "eu" não passa de um amontoado de apegos, é uma combinação de forças e energias psicofísicas em constante mudança que podem dividir-se nos cinco agregados, a saber:

a) O primeiro é o agregado da matéria, engloba os quatro elementos tradicionais: o sólido, o líquido, o calor, o movimento, e os derivados destes. Tais derivados são os nossos órgãos sensitivos, são as faculdades, cuja base repousa tanto interna como externamente no agregado da matéria: o olho, o ouvido, o nariz, a língua, o corpo, entendendo-se, então, o tato.

E aí entra uma das grandes lições do budismo. Se não há uma coisa para ser cultuada, se o homem é um aglomerado em processo, por que se apegar a ele? Por que tanta vaidade, egoísmo, etc.? Por que tanta violência para manter, preservar, ter cada vez mais os bens que esse amontoado acumula? Veja bem que não é uma atitude de abandono perante a vida, até pelo contrário. Quando se vê isso, se conscientiza de que a vida é bem mais fácil do que a imaginamos.

b) O segundo agregado são as sensações, sejam agradáveis ou desagradáveis ou mesmo neutras. São experimentadas a partir dos cinco sentidos. Inclui-se neste agregado o que para o budismo é visto como um sexto sentido — a *mente*. São as sensações experimentadas mediante o contato da mente, pensamentos, idéias, etc., as sensações físicas e mentais estão aí agregadas. Diga-se de passagem que a mente não é vista como nada de anormal, é simplesmente um sexto sentido, mais um órgão e pronto, pode ser controlada e desenvolvida como qualquer outro órgão.

c) O terceiro agregado é aquele que nos fala das percepções. Da mesma forma que os demais, vinculados aos seis órgãos dos sentidos, assim, as percepções são produzidas a partir das seis faculdades em contato com o mundo.

d) O quarto agregado são as formações mentais, são as atividades volitivas, boas ou más, comumente conhecidas como *carma* (do sânscrito *Karma* e do páli *Kamma*). Como as demais manifesta-se com a participação das seis faces do sentido. Este assunto, *carma*, é muito polêmico e geralmente se cai num comodismo muito grande tentando não explicar fatos que são bastante explicáveis, tipo a criança que morre de fome, inanição, desnutrição e porque "Deus" quis ou então *é carma* dos pais para sofrerem a perda do ente querido, ou ainda que esta criança noutra vida deixou alguém morrer de fome ou coisa parecida, na verdade morrer de fome é um fato bem explicável . . .

O budismo pretende ser uma ciência e como tal afirma que este quarto agregado compreende as ações produzidas a partir dos órgãos dos sentidos, tanto ações físicas como as mentais.

e) O quinto e último agregado é a consciência.

A consciência é a reação ou resposta às seis faculdades; são formadas com a interação destas com o mundo. Um exemplo: quando o olho entra em contato com a cor vermelha, temos então a consciência visual, é quando se nomeia a atividade. Não confunda consciência com mente ou coisa parecida. Uma é uma formação a partir dos órgãos dos sentidos, é quem "dá nome aos bois". A outra é um órgão, uma faculdade, um dos seis sentidos.

O mundo é um constante fluir, é um rio que corre sem parar e ai daquele que se apega a uma parte, na margem do rio, pensando que a água que ele contempla ainda é a mesma. Os cinco agregados resumem o que grosseiramente chamamos de "ser". Há um trecho do *Visuddhimagga* (em páli, o caminho da perfeição) que diz o seguinte: "só existe o sofrimento, porém o sofredor não pode ser achado. Há atos, mas o ator não pode ser achado". Ora, se há o sofrimento e não há o sofredor, então quem é que sofre? Se você souber a resposta, não precisa nem terminar a leitura do livrinho, "achou", na verdade, o grande barato da vida e, por favor, me conte a solução do enigma. Decifra-me ou te devoro. Dá-lhe vida!

A INEXISTÊNCIA DA ALMA

Já estamos mais ou menos adiantados no livro e paradoxalmente ainda não chegamos ao principal. Resta agora ver o baluarte, o que sustém o budismo, a originalidade que reformou todo o bramanismo da época, influenciou sobremodo o hinduísmo e é admirado até hoje por quem se debruça sobre ele.

Segundo os ensinamentos do Buda, a idéia de um *eu* é uma crença falsa e imaginária que carece de uma realidade correspondente, de um fundamento, e tem causado profundos danos a toda a humanidade, a partir do momento em que há um meu, um eu, um teu e assim por diante. Estabelece-se de imediato a concorrência sobre o que é melhor a partir do pré-requisito de que há muitos eus, prevalece então aquele que tem mais força ou que induz os demais a concordar com o tal suposto eu; isso contribui para o surgimento do desejo, do egoísmo, da avidez, do ódio, etc. Buda afirma que a crença na existência de um eu é a fonte de todas as perturbações existentes nesse mundo, desde conflitos individuais até as guerras. É nessa falsa concepção que é possível determinar a origem de todo o sofrimento humano.

E chegamos a outro ponto básico. Se não há um fato permanente (como toda regra tem exceção convém lembrar que o único fato permanente é a impermanência das coisas) em que ou em quem acreditar. Se não há uma coisa duradoura a que se apegar, se não há uma entidade, um espírito, uma essência ou seja que nome for, onde possamos nos abrigar quando imersos em nossas tristezas, não há, logicamente e concomitantemente, um "deus" criador e é aí que o budismo, mais uma vez, se distingue das demais religiões. Não havendo uma alma para ser cultivada, para ser "salva", não há necessidade de uma "super-alma" para ser cultuada — chegamos então ao ateísmo budista. Paralelo nesse sentido só se encontra no jainismo, um sistema filosófico e religioso que floresceu na Índia no tempo de Buda. Mahavira, o fundador da doutrina dos jainas (de *jina*, o vitorioso), foi contemporâneo de Siddharta e seus ensinamentos em alguns aspectos aproximam-se dos ensinamentos do Buda. Não poucas vezes os discípulos dos dois "mestres" entabularam debates.

Quando se tratava de questões metafísicas, Buda

contava a história da pessoa ferida por uma flecha que não está interessada em saber o porquê da flecha, de onde veio, quem a disparou, qual o motivo, qual a natureza ou o material de que é feita a flecha, o tipo de madeira usada no arco, quem a fabricou, etc. O ferido, o doente, quer tão-somente ser curado — simples, claro e objetivo. Especulações filosóficas não tinham vez com o Buda.

Um bom exemplo: certa vez perguntaram a ele se "Deus" realmente existia e ele inteligentemente saiu-se bem. Respondeu que não era contra os que acreditavam na existência de um "deus criador" e também não era contra aqueles que não acreditavam na existência de um "deus criador". Não discordava nem de um, nem de outro, só se preocupava em se curar, só envidava esforços no caminho que leva à cessação do sofrimento, no mais era perder tempo.

Não que ele não gostasse de debates, adorava. De uma pequena dúvida fazia um sermão, seu método era parecido com o de Jesus Cristo, utilizava muito as parábolas.

Quando instado por perguntas que levavam à metafísica, Buda apanhava um punhado de folhas secas no chão e perguntava: "Onde é que existem mais folhas, na minha mão ou em toda a floresta?". Claro, respondiam todos, que era na floresta. "Da mesma forma — respondia — muitas são as verdades que existem, muitas são as ciências e

O que é Budismo

as filosofias, mas eu só estou preocupado com aquela que leva à extinção do sofrimento."

Assim fazendo ele não negava nem afirmava a importância das doutrinas metafísicas, não entrava em questões religiosas tipo qual é a melhor, usava a imagem de um médico interessado em curar o paciente e para tanto aponta as causas da doença e o remédio. Especulações levam a mente a trabalhar muito, a se perder e a vagar por campos nem sempre conhecidos, desviando-se e dispersando-se do motivo original que é a cura da enfermidade.

Não resta dúvida que é um assunto polêmico, mas os budistas de todo o mundo são unânimes em aceitar tal prescrição. Como, por vezes, esse caminho parece árido, seco demais, os fiéis místicos e esotéricos desenvolveram certos recursos para amainar um pouco a apresentação da doutrina. Assim há seitas que vêem em Buda o "deus criador", personificando a imagem do príncipe Siddharta no estado de criação de todas as coisas, numa aparente contradição, pois o que o estado de buda permite captar é que não há nada que mereça perenidade, pois tudo é um processo, como já vimos.

Essa doutrina da inexistência da alma, em páli chamada *anatha* (não-eu), em sânscrito *anatman* (não-alma), repousa na fórmula conhecida como "lei da originação dependente" ou "gênese condicionada":

"Quando há isto, há aquilo
Ao surgir isto, surge aquilo
Quando não há isto, não há aquilo
Cessando isto, cessa aquilo".

Modernamente a fórmula é assim expressa:

"Quando está A, está B
Surgindo A, surge B
Quando não está A, não está B
ao cessar A, cessa B".

Não há nada de absoluto no mundo, tudo é condicionado, tudo é relativo e interdependente, esta é a teoria da relatividade do Buda que aponta 12 fatores para se compreender melhor esta lei:

1) pela ignorância são condicionadas as ações volitivas ou formações cármicas;
2) pelas ações volitivas é condicionada a consciência;
3) pela consciência são condicionados os fenômenos mentais e físicos;
4) pelos fenômenos mentais e físicos são condicionadas as seis faculdades, ou seja, os cinco órgãos do sentido mais a mente;
5) pelas seis faculdades é condicionado o contato (sensório e mental);
6) pelo contato é condicionada a sensação;
7) pela sensação é condicionado o desejo;
8) pelo desejo, pela sede, pela ansiedade é condicionado o apego;

9) pelo apego é condicionado o processo do devenir;
10) pelo processo do devenir é condicionado o nascimento;
11) pelo nascimento são condicionados:
12) a velhice, a morte, a aflição, a dor, etc.

Assim surge, existe e continua a vida. Se analisamos esta fórmula em sentido oposto, obtemos a cessação de todo o processo de sofrimento, ou seja, cessando um, conseqüentemente cessa o outro. Sendo interdependentes, não há por que privilegiar um e esquecer o outro, daí por que o budismo não aceita algo absoluto como causa primeira, independente.

Apesar desse aparente materialismo, ele certa vez afirmou: "há um não-nascido, um não-devenido, um não-feito, um não-composto. Se não houvesse isso, não haveria escapatória alguma para o que é nascido, devenido, feito e composto. Mas, já que há este não-nascido, portanto se conhece uma escapatória para o que é nascido, devenido, feito, criado, composto".

A MEDITAÇÃO

O termo é muito gasto e designa muita coisa, além do mais são muitos os tipos de meditação. Só no budismo Theravada existem cerca de 40 tipos de meditação; nas outras escolas, se não chega a esse número, chega perto, cada uma tem uma finalidade específica, mas de todas a mais importante é a que vamos tratar neste capítulo. Ela é a base, o sustentáculo de todo o arcabouço teórico do budismo, é a prática sem a qual nada se faz e nada se compreende. Em inglês esta prática recebeu o nome de *mindfullness* e em português "plena atenção". Quando disse linhas atrás que o Buda havia "sacado" as coisas através da atenção, da respiração e tal, era desta meditação que estava falando. Em páli este processo tem um nome melhor: *bhavana* (pronuncia-se barrávana, a primeira sílaba é átona e levemente articulada, o

O que é Budismo

"b" é quase que mudo) que quer dizer "cultura mental". Cultura mental é o processo no qual se pratica a plena atenção, que em páli recebe o nome de *vipassana* (vipássana quer dizer etimologicamente visão interior, ver dentro. Outro nome como é conhecida: *satipatthana*, isto porque seu método está explicado no sutra que trata das "elevações da atenção" (*sati* = atenção).

Não há mistério nessa meditação, é bem simples e paradoxalmente muito difícil. É uma tomada de posição frente à vida, na verdade é um processo de auto-análise, de autoconhecimento, e o caminho mais curto para esse resultado é a prática da atenção na respiração. Atenção é a base de tudo, é você fazer a coisa em seu dado momento, é presentificar as ações, sensações, percepções, os sentidos. À medida que você medita, vai anotando, tomando conhecimento, travando contato, observando o que se passa em seu físico e em sua mente, vai observando e percebendo como surgem, desenvolvem e desaparecem.

A princípio se torna dificílimo perceber que os pensamentos brotam da mente como um rio caudaloso. Pensamentos "bons", "maus" e "neutros" escorrem feito corredeira. Através deste processo você vai evitar a rotulação dos discutíveis conceitos de bom ou mau, positivo ou negativo, feio ou bonito, etc. Com isso pretende-se a apreensão do momento presente, da coisa como ela é.

O método aparenta ser difícil, visto que, se aparece um pensamento e nós o catalogamos como bom, é bem possível que queiramos nos apegar à sensação boa que daí advém. Se por outro lado o sentimento é mau, ruim, imediatamente o repelimos. Ocorre que tanto um quanto outro não passam de pensamentos; o que (nos) estraga é que, ao identificarmos tal fato, esse apego ou essa aversão acarreta todo um movimento corporal e mental, ainda que estejamos sentados imóveis. O "furo" consiste nessa máscara de bom ou mau, nessa dicotomia bem/mal, e nós sabemos que tal dicotomia serve, na verdade, ao poder, ao sistema. O que se convencionou chamar de bem é aquilo que faz bem ao *status quo*, aos poderes constituídos. Por sua vez, o que chamamos de mal é o que faz mal à sociedade; vincula-se, portanto, à ideologia.

Para que não haja, ou melhor, para que se minimize, evite, atenue, essa dicotomia, pois assim sendo a nossa visão de mundo estará sempre bipartida, violentada, é preciso praticar a plena atenção. É preciso ver que um pensamento é um pensamento, seja ele bom ou mau. É preciso ver que a transitoriedade está presente em tudo, o que é bom hoje, não o será amanhã, o que nos fez mal no passado pode não fazer hoje e, antes de mais nada, quem foi que disse que isso é bom e isso é mau? Para que se compreenda esta separação no nosso modo de ver e viver, o caminho é este.

O que é Budismo 55

Através de *notas mentais*, no gerúndio, pegamos o bandido com a boca na botija. Vamos visualizar alguém, ou você mesmo, leitor, sentado, meditando. A postura ideal é chamada postura de lótus, ou pelo menos próxima, porque a coluna fica ereta e, convenhamos, sua postura, seu corpo, seus órgãos ficam bonitos, e a meditação é arte e procura a beleza. Mas não sendo possível a postura de lótus (o pé direito sobre a coxa esquerda e o esquerdo sobre a coxa direita) ou na semi-lótus (apenas um pé sobre a outra coxa), você pode se sentar num banco, numa cadeira ou mesmo numa almofada. Dispense, porém, os lugares confortáveis, poltronas, sofás ou colchões de mola. Tais ilusões da sociedade de consumo, leia-se capitalismo, provocam, entre outras coisas, dores na coluna, desvios, etc. Deixe o conforto para quando acabar a meditação.

Bem sentado, com o tempo, você vai ver o que era até então duro ou difícil de ser conseguido tornar-se confortável, de onde se deduz que o conforto varia de acordo com a moda. Eretamente instalado, evite tensões, sente com naturalidade e respire com naturalidade, não force nada, relaxe-se mas não seja relaxado. O passo seguinte é anotar mentalmente a entrada e saída do ar nas narinas. Se quiser você pode mesmo "mentalmente" falar para você mesmo "entrando", "saindo". O que pintar você identifica: "pensando", "rindo", "coçando"; se a posição doer, "doendo", etc. Tudo irá sendo presentificado através do gerúndio, e por quê? Porque a atenção é feita a partir do presente. Com o tempo você dispensará as notas mentais e ficará só na identificação do fato.

A outra técnica é perceber, como já falei antes, a subida ou descida do abdômen. Também ajuda contar a respiração até dez e depois recomeçar, e assim até o fim. No caso da barriga, fale para si mesmo "subindo" ou "descendo" quando for o caso, além do exposto no parágrafo acima.

O método de contar é do Zen, só que no contar você chuta, deixa de lado as notas mentais.

É isso aí e pronto. Em ambos os sistemas, Zen ou Therava, é necessário um orientador. Falei apenas dos "primeiros passos". Não vá botar o carro na frente dos bois. Em vez de ajudar a terapia, digo, meditação, pode até prejudicar e levar ao hospício ou às imediações deste.

Quando aprendermos a ver cada sensação como ela se manifesta, sem o variável rótulo, pois o que é feio para um pode ser bonito e atraente para outro e assim *ad infinitum*, vamos nos libertando e percebendo que o desejo está por trás desse rótulo, o apego e a aversão. Fica-se com o que é bom e rejeita-se o que é mau, mas nisso esbarramos no nosso "próximo" que pode não concordar com a gente e aí como fica? quem ganha a parada? É por isso que se diz que o budismo está além do bem e do mal, não se preocupa com tais questões, não dá *nome* e *forma* às relativizações da mente.

Sacerdote budista.

Frisei nome e forma, em páli *nama* e *rupa* respectivamente, porque há um tratado no budismo que é importante para compreendermos que tudo no mundo é nome e forma. Assim sendo é fundamental nos libertarmos dos conceitos de nome e forma.

Ao procedermos da maneira indicada, o germe do sofrimento será compreendido e, sendo compreendido, progressivamente aniquilado, sem repressões, apenas com a observação pura do que realmente é, como se manifesta em suas mais diversas facetas.

Costuma-se usar a imagem da mente como um macaco-criança que pula de galho em galho (de pensamento em pensamento, de sentimento em sentimento, de sensação em sensação), sem travar conhecimento com o que de fato é real naquele momento. Isso é muito comum na vida moderna; com o tipo de vida que levamos, somos obrigados a fazer ao mesmo tempo várias coisas; assim, quando estamos almoçando, aproveitamos para ler um jornal. Diz o Buda que nessa hora não estamos nem mastigando nem lendo, não estamos fazendo verdadeiramente nem uma coisa nem outra, estamos divididos. Nosso corpo, parte dele está mastigando, carregando o garfo com a comida para a boca, e outra parte está trabalhando com os olhos, o cérebro ordenando o que se lê, e paralelamente a essa divisão a sensação que a leitura nos provoca, de alegria ou de tristeza, de interesse

O que é Budismo

ou não. Da mesma forma ficamos divididos entre sentir o prazer da comida ou não. É por isso que se diz que o verdadeiro meditador quando meditar, só meditando.

Talvez seja essa uma das razões por que o Buda comentava que é mais fácil vencer um exército do que a si mesmo. E para que haja essa vitória é preciso quando comer, só comendo, quando andar, só andando, quando ouvir, só ouvindo, quando escrever, só escrevendo, quando fazer ou sentir qualquer coisa, só fazendo ou sentindo essa coisa. Não há uma lei da física que nos ensina que dois corpos não podem ocupar o mesmo lugar no mesmo espaço de tempo? E o que é que nós estamos fazendo que não aplicamos essa lei em nosso dia-a-dia?

Aqui não é bem o lugar para este tema, mas convém lembrar que pensamento tem nome e forma, logo é um corpo e como tal tem vibrações, energia que todos os corpos emanam de atração e repulsão.

A chave da meditação é a chave do budismo, e nesse ponto não há diferença entre o Theravada, o Zen, o Tantra, etc. Mudam as roupagens mas o objetivo permanece, é o mesmo, um é quase que sinônimo do outro. Ocorre que o primeiro tem influência no Sudeste asiático, o segundo na cultura chinesa, japonesa e coreana, enquanto o Tantra, na Índia, Tibet, Nepal e adjacências. Este último é um caminho religioso através das forças vitais que atuam no homem, uma das quais é o sexo. Aqui, novamente, a confusão é grande, por vezes a interpretação é dúbia, e são poucos os livros, realmente bons, que explicam e ensinam esse caminho através do sexo. Não faltam charlatães, picaretas, corruptos, tanto no Ocidente quanto no Oriente, faturando em cima dos tolos, desavisados, ingenuamente místicos, etc.

Os praticantes conhecem a história de que a verdadeira meditação é aquela de que quando comer, só comendo. E note quanta coisa se faz durante o ato de se alimentar: o garfo e a faca que se ajudam mutuamente, as mãos que provocam a operação, o cérebro que deu a intuição para escolher primeiro aquela simpática porção, a boca que se abriu e já salivou, os olhos que brilharam de satisfação quando viram a comida, a língua tocando e saboreando, os dentes chocando-se, os maxilares movendo-se, os músculos faciais contraindo-se e estirando-se, a posição na cadeira ou onde quer que se esteja, etc. Você já observou tudo isso?

E como é que uma coisa aparentemente tão simples pode levar alguém ao discernimento de problemas cruciais de nossa existência? É claro que, além desta simples operação e com o desenvolvimento da atenção, há um paralelo compreender da natureza humana. Como? Só praticando, e não será em um mês ou dois que se obterá um resultado. Note-se que o processo de aglomerar

O que é Budismo **61**

partículas para formar um "ser" leva nove meses. Note-se também que não há nada independente, tudo é interdependente. Assim, os resultados se obtêm em conjunto, em equipe, visto que a prática está geralmente associada a um grupo sob a orientação de alguém mais experimentado.

Mas não é só sentado, na já citada clássica postura de lótus que se consegue tal visão interior. É no dia-a-dia, no cotidiano, nas tarefas habituais, no trabalho, na escola, em casa, na rua, onde quer que se esteja. Eis aí a dinâmica do budismo. Não resta dúvida que um período prolongado de treinamento em um lugar tranqüilo ajuda a se enfrentar a "barra" que é a sobrevivência.

Convém esclarecer que a concentração não é uma prerrogativa do budismo, outras religiões a possuem. Acontece que a concentração na atenção através da respiração é o coração do budismo (desculpem a rima). Foram os ensinamentos do Buda que maior ênfase deram à prática dessa concentração, desse tipo de meditação.

O ideal dessa atenção, em outros sistemas filosóficos ou religiosos, é através de orações, terços, rosários, etc. Enquanto a pessoa está ocupada repetindo uma determinada fórmula, visualizando um objeto ou imagem, passando entre os dedos um rosário, está tentando manter a mente em estado de alerta, está tentando ficar desperto. Argumentam os budistas, no entanto, que tais práticas, por serem acompanhados de mecanismos (palavras, ritos, gestos etc.) levam ao condicionamento e deixam o praticante preso ao mecanismo, enquanto que a respiração, por ser um fato natural, não deixa ninguém dependente.

O primeiro passo é cortar a cadeia de conceitos que nos envolvem. O Buda costumava dizer que esse é o único meio para se compreender e se chegar à raiz das coisas.

É impossível num pequeno capítulo ensaiarmos os primeiros passos na prática, assim fica o recado. Quando o Buda exortava os discípulos a testarem os seus ensinamentos, estava recomendando para testá-los na prática, através da meditação.

Falamos linhas atrás em postura de lótus. A expressão deriva-se da flor de lótus, planta aquática muito comum no Oriente. O simbolismo refere-se às folhas, umas só ficam sob a água, outras afloram à superfície e as demais ficam além do nível da água, a partir daí brota lá de baixo a vigorosa flor, da base, do fundamento, da raiz. Similarmente os homens devem procurar galgar níveis bem mais altos que a simples superfície para que suas flores brotem e enfeitem o mundo.

O ÚLTIMO SERMÃO

Ao longo de 45 anos o Buda pregou de aldeia em aldeia, de bosque em bosque, de cidade em cidade. Quando chegava em um local, a multidão acorria para ouvir os seus ensinamentos que reformava o bramanismo de então. Não poucas vezes ele foi testado, tendo havido até casos de outros "mestres" que juntamente com seus discípulos se converteram ao caminho que ele pregava. De outra feita eram os fiéis de outras seitas tentando encurralá-lo através do debate. Muitas vezes pessoas mandadas tentavam indispor a multidão contra o ex-príncipe, insinuando que eram ateus, subversivos e tal, mas a tradição conta que nessas ocasiões ele saía-se muito bem.

Já velho, monges, monjas e leigos pressentiam que se aproximava a hora da partida. Siddharta estava com 80 anos, alimentava-se só uma vez por dia, como todos os monges, a saúde já não era boa e as longas caminhadas haviam-se reduzido.

Dias antes de sua morte ele foi convidado para uma festa. Um rei que havia se convertido resolveu oferecer ao Buda e aos discípulos um banquete. Parece que a comida estava muito boa, pois no dia seguinte ele ficou adoentado; há quem diga também que a comida estava estragada. O fato é que pela idade o organismo não era o mesmo e certamente não resistiu à ultra-apimentada comida indiana, os demais monges não ficaram doentes. Ele conseguiu esconder dos discípulos que estava doente e que sua hora aproximava-se.

Aquele que nasceu e se iluminou num bosque, também morreu num bosque. Nasceu, atingiu a iluminação e morreu na lua cheia do mês de maio.

Da mesma forma como antes do primeiro sermão ele hesitou se as pessoas entenderiam ou não sua mensagem, no último ele também ficou apreensivo quanto à "trágica" notícia. Mas era inevitável. Da mesma forma que aos 35 anos reconheceu que era egoísmo ocultar a verdade aos antigos colegas e às pessoas em geral, agora, mais do que nunca, precisava contar aos amigos que há muito vinha sofrendo.

Reuniu todos os monges, monjas e leigos que o acompanhavam naquele dia e proferiu o último sermão, tão importante quanto o primeiro. O sermão de abertura anunciava ao mundo a nova mensagem, o de encerramento colocava a direção

O que é Budismo **65**

do movimento nas mãos do próprio movimento, ou seja, não havia líderes, não havia sucessor, tudo estava na "lei", bastava compreendê-la e cumpri-la. Esse discurso é conhecido em páli como o *Mahaparanibbana-sutta* (*maha* = grande, *para* = além, *nibbana* = nirvana, o céu, o paraíso, etc., *sutta* = sermão). O texto é muito bonito, é uma verdadeira aula exortando a todos à prática do autoconhecimento. Vejamos um trecho:

"Sede vós mesmos vossa própria bandeira e vosso próprio refúgio. Não vos confieis a nenhum refúgio exterior a vós. Apegai-vos fortemente à verdade. Que ela seja vossa bandeira e refúgio. Aqueles que forem eles próprios sua bandeira e seu refúgio, que não se confiarem a nenhum refúgio exterior a eles, que, apegados à Verdade, a tenham como bandeira e refúgio, atingirão a meta suprema".

Durante toda a vida ele proferiu os discursos sentado na clássica postura de lótus; nos instantes finais ele estava deitado sobre o lado direito, a cabeça repousava numa almofada cilíndrica e, à sua volta, os discípulos choravam copiosamente. O budismo é vivência, experiência e, se o sentimento é tristeza, a sensação é dor, separação do objeto querido, não há por que reprimir as lágrimas, se se observa tal momento, se se está plenamente atento chorando, não há por que sufocar a tristeza. Mesmo sabendo disso e tendo proclamado isso toda a sua vida, o "Bendito" consolava os amigos:

"Ó monges, não vos entristeçais. Ainda que eu permanecesse no mundo durante milhares de anos, isso não me livraria da morte. Tudo o que se reúne, não escapa à separação. Já foram ensinadas todas as doutrinas que trazem proveito a quem as pratica e todas as que trazem proveito a outrem. Ainda que eu permanecesse vivo, nada mais teria que fazer. Todas as pessoas que eu devia ensinar já foram ensinadas. Quanto às que eu ainda não ensinei, já criei condições para que elas sejam ensinadas. Se vós, meus discípulos, persistirdes na prática da Lei após minha morte, meu corpo de Lei continuará eternamente vivo".

O "Mestre" estava partindo, a assembléia percebia que paulatinamente sua respiração diminuía. Tranqüila e pausadamente ele dava as últimas instruções:

"Deveis saber que no mundo nada existe de permanente. Tudo o que se reúne, não escapa à separação. Não vos entristeçais, pois assim é o mundo".

Diz a tradição que essa foi a última vida terrena de Siddharta, ele criou os meios para que outros "budas" apareçam. Mas, como tudo é transitório, o próprio budismo ou o caminho que ele pregou desaparecerá da Terra e então virá um outro buda com, talvez, outras mensagens para esses tempos futuros. Este buda vindouro é chamado Maitreya, em sânscrito.

As últimas palavras do Buda da nossa era foram estas:

"Esforçai-vos sem cessar na prática que leva à Libertação. Todas as leis imutáveis e mutáveis deste mundo são isentas de garantia de estabilidade.

"Permanecei em silêncio. O tempo passa e é chegada a hora de eu me extinguir. Este foi meu último ensinamento".

O silêncio que se seguiu foi, de fato, sepulcral, todos fitavam o "Senhor" que tranqüilamente cerrava os olhos, a respiração começava a falhar, todos entraram em meditação e eis tudo consumado. Siddharta Gotama entra em *parinirvana* (além do nirvana, em sânscrito) ou em *mahassamadhi* (*maha* = grande, *samadhi* = tranqüilidade, êxtase, bem-aventurança) que é a mesma coisa.

De acordo com o costume da época, o corpo é cremado numa enorme fogueira. Quando tudo fica reduzido a cinzas, os discípulos espalham-se mundo afora na pregação do *Dhamma*. Conta-se que também espalharam-se "relíquias" por vários templos. Em Sri Lanka, até hoje, há um Templo de Dentes. Afirma-se que é um dente do próprio Siddharta que foi direto para o Ceilão. Anualmente a relíquia é retirada e percorre a cidade em procissão.

Na verdade, a religião, a instituição que se formou após a morte do Buda, sob alguns aspectos, em muito difere do ensinamento original, mesmo dentro do Theravada ou do próprio Zen. E por quê? Porque em geral, os seres humanos necessitam de muletas, apoios e, nos momentos difíceis da vida, o ritual, o jogo, a ludicidade religiosa preenchem os vazios e carências.

A partir da morte de Gotama, o sistema criado por ele influenciou toda a Ásia, todas as manifestações culturais, e hoje encanta o Ocidente.

Foi o filósofo alemão Arthur Schopenhauer que, pela primeira vez, divulgou na Europa o pensamento do Buda no século passado. Já no século XVII, porém, jesuítas missionários transcreveram para o latim textos chineses e japoneses, budistas, naturalmente. No século XX, Albert Einstein parece ter bebido também nessa fonte; certa feita ele afirmou que "em grau infinitamente mais elevado, o budismo organiza os dados do cosmos, que os maravilhosos textos de Schopenhauser nos ensinaram a decifrar". Quem sabe se a teoria do grande Einstein, a teoria da relatividade, foi inspirada na impermanência do budismo?

Um lembrete final é que se costuma atribuir ao budismo um niilismo, fato que não existe; não há pessimismo, derrotismo ou coisa parecida, não. Um dos fatores da iluminação é a alegria, a criatividade, etc.

Mas o que é iluminação? Só vivendo, só a conseguindo, mas para que não se mistifique, convém lembrar que o Buda foi uma espécie de analista das massas no século VI a.C. Quem sabe se a tal da iluminação não equivale à "alta" em psicanálise.

E quanto mais se vive, mais se sofre e mais se alegra, percebe-se que não é necessário apenas uma "alta", à primeira seguem-se outras. Não há um ponto fixo, parado, a ser alcançado, o que há é a prática para ser praticada, é a vida para ser vivida.

INDICAÇÕES PARA LEITURA

Já há em português bons livros para iniciar a sua "estante búdica", tanto do budismo Theravada como do budismo Zen. Do primeiro destaco *O caminho do Buda* e *A vida do Buda*, de H. Saddhatissa, publicados pela Zahar. O autor é um monge cingalês, erudito professor versado em páli, sânscrito, cingalês e hindi, tendo lecionado nas universidades de Benares, Edimburgo e Londres, é o diretor do Templo Budista de Londres, um dos maiores e mais importantes do Ocidente.

Outro bom livro é assinado por Donald K. Swearer, professor de Swarthmore College, que reuniu os alunos para um curso de meditação budista convidando um monge do Japão, em se tratando de Zen, a primeira é a Zen-Soto). O resultado foi um trabalho interessante: *Os segredos dos lótus*, editado em 1973 pela Civilização Brasileira. Por esta mesma Editora, o *Budismo, sua essência e desenvolvimento*, de Edward Conze, considerado um dos melhores livros já escritos sobre o tema em língua ocidental, também de 1973; abrangente, ele fala dos vários sistemas do budismo.

Da Cultrix, 1967, temos um bom trabalho do prof. Ricardo M. Gonçalves, da USP. Ele reuniu *Textos budistas e zen-budistas*. As citações do *Mahaparanibbana-sutta* foram extraídas desta obra, à exceção do primeiro parágrafo, que é de um antigo volume publicado pela Livraria Martins Editora, 1965, *O pensamento vivo de Buda*, do cingalês Ananda K. Coomaraswamy, conhecido professor de budismo.

Outro interessante título é o de Maurice Percheron, *O Buda e o budismo*, Agir, 1968; ele também fala dos três veículos.

Não necessariamente Theravada, mas importante é a obra organizada por Charles A. Moore, Cultrix/EDUSP, 1978, *Filosofia: Oriente e Ocidente*. O livro é resultado de um seminário realizado na Universidade do Havaí em 1939 e reuniu filósofos ocidentais e orientais. Da Pensamento nós temos *Budismo: psicologia do autoconhecimento*, de autoria do dr. George da Silva e Rita Homenko, que também traduziram o *Dhammapada* e o *Attaka*. A Pensamento editou também *A luz da Ásia*, livro conhecido quase que mundialmente, de Edwin Arnold, um lorde inglês que divulgou com afinco a doutrina. Murilo Nunes de Azevedo com o *Olho do furacão*, antiga edição Civilização e agora reeditado pela Pensamento, dá uma boa visão das idéias budistas e sua aplicação no mundo de hoje.

Frei Raimundo Cintra, autor de *A cruz e o lótus: cristianismo e hinduísmo*, estuda as duas religiões; há uma parte dedicada ao budismo, é interessante pesquisar o paralelo entre as religiões; tem o selo das Edições Paulinas. A revista teórica *Concilium*, Editora Vozes, tem alguns números dedicados às questões do orientalismo, há um número inteiramente dedicado ao budismo e cristianismo. Fundamental é o recente *Religião e modos de produção pré-capitalistas*, Edições Paulinas, 1982, do padre belga François Houtar, que realizou uma análise marxista sobre o budismo Theravada como religião de Estado no Sudeste asiático.

Poderíamos citar mais ainda, mas como nos prendemos ao budismo em sua origem, conhecido como Theravada, as obras citadas são importantes na medida em que os diversos pontos de vista despertarão no leitor o gosto pela pesquisa. Naturalmente abordam outros tópicos do budismo não-Theravada, já que é preciso vê-lo como uno, unificado.

Um esclarecimento final é que no início do livro falo em T. Anurudha Bhikkhu e Rev. Kiugi Tokuda, meus primeiros professores no ramo. O "T" significa *thera* (designação para os monges graduados do Theravada) e "Rev." vem de "reverendo", título dado aos missionários Zen. Os Theravadas, em geral são tratados por "veneráveis".

Caro leitor:
Se você tiver alguma sugestão de novos títulos para as nossas coleções, por favor nos envie. Novas idéias, novos títulos ou mesmo uma "segunda visão" de um já publicado serão sempre bem recebidos.

Biografia

Nasci em Recife, 1952, setembro, 19. Impermanente como é a vida, morei no Rio, em Brasília e agora estou radicado novamente no Rio.

Sou professor de Literatura formado pela Faculdade de Letras da Universidade Federal do Rio de Janeiro. Especializei-me em "Literaturas Africanas de Expressão Portuguesa" na Universidade de Lisboa.

"Curto" o budismo e similares desde 1968...

Escritor, tenho trabalhos publicados em vários jornais do Brasil e Portugal. Aventurei-me como poeta em algumas antologias.

Jornalista de fé e paixão.

* * *

De acordo com o calendário budista, adotado nos países Theravadas, esta conversa foi escrita no ano 2527 (1983), no virginiano período de setembro.

Impressão:

SANTA MARIA - RS - FONE (55) 222.3050

Com filmes fornecidos